D1731349

publication PN°1
Bibliothek der Provinz

Franzobel **Met ana oanders schwoarzn Tintn**
Dulli-Dialektgedichte mit Fotografien aus dem Fundus Franzobel
herausgegeben von Richard Pils

© *Verlag publication PN°*1 © Bibliothek der Provinz ISBN 3 85252 305 2
A-3970 WEITRA 02856/3794

printed in Austria by Plöchl A-4240 Freistadt

Titelbild von Maria Ziegelböck

Franzobel

Met ana oanders schwoarzn Tintn

Dulli-Dialektgedichte

Blöd

Da Herr Kurz trifft de Frau Lang,
na ja, was soll ma soagn,
lang woarn de zwei net zam.

Der Herr Kurz trifft die Frau Lang,
er lernt sie schätzen näher, kennen,
macht se was aus und ladt sie ein,
sagt Kurz, mein Name,
bin ich angebunden nie.
Na dann, meint die Frau Lang,
ich komm ja von der anderen Seitn,
langsam gehen mirs an, nur net z'schnell
nur net mit Gwalt.
Das war dem Kurz zu lang,
sagt er, so geht das nicht,
so kommen nie wir nicht zsam.
So nicht.

Acht Joahr später, dem Kurz,
langweilig wie ihm ist, überlegt er,
fallt ihm ein, da war doch mal
sein Gegenteil, allein, was gäb er drum,
wenn er sie wiederfinden tät, de Lang.
Und auch der selbst zur gleichen Zeit,
so wies da Teufel will,
fällt ein der Kurz, ja lang ists her,
sechzehn Joahr bestimmt,
ob wohl aus ihm geworden is? Et-
Was gäb sie drum, es zu erfahrn.

Allein der Kurz lebt in Würzburg mittlerweil,
während de Lang nach Langenlois gezogn is.
Er hat geheiratet sich eine Marianne,
sie ist verfallen einem Heinz,
das scheints ist Schicksal. Jedem seins.
So treffen sie sich nie.

Zeug

Da Gigerl, da Gogerl,
den Herbert sein Hund,
de hätn, i was net,
vor ollem oaba ans,
weils wissen, wias geht.
I kenn wem, der kennt wen,
der selber wen kennt,
und der soil, so sogt man,
selber es gsegn hobn,
fost ganz allan:
In Gigerl, in Gogerl,
in Herbert sein Hund,
wias tuan ham, i was net,
hauptsächlichst ans,
weils wissen, wias geht.

Se schaut net aus aso

Se schaut net aus aso,
ois obs a stinga kunnt,
se schaut net aus aso,
wia wanns a scheißn tat,
ois ob a Bluat war
in ihr drin, so net,
so zoart, fast unberührt,
wia a Schneegleckerl fost,
bevurs samt da Zwüfe ausgrissn wird,
kummt sie mir vur,
daß se mir vorgekommen is,
bevur i tan muaß habm,
woas man mir vurwirft jetzt,
woas i bestimmt net woilt,
weil i s a tan hätt nia,
wans mi net dawischt mit ihr
und gsogt hättn:
Se schaut net aus aso,
ois obs a stinga kunnt,
se schaut net aus aso,
wia wanns a scheißn tat,
ois ob a Bluat war
in ihr drin, so net.

Das buids da ein

Das buids da ein,
das kann net sein.

Na, wann i sog,
so is bei uns fost olle Tog
daß d Sunn wird weiß,
kasig bleich und vom Hümme
obefoit.
Oba damit loang net gnua,
a s Wassa farbt se rot,
in da Nudlsuppn schwimman d Rotzn,
de Katoffeköller tanzn Poilka.
Und es kummt nu ärger,
weil de Kinda do bei uns,
ausschaun ois wia d Oaffen,
und wir selber nix mehr schloffn,
stattn redn trötn scho ma wia d Elefanten,
fressen Bambussteckn, Schreibtischkantn,
und schaun aus.

Jetzt geh, das nie und nimmer,
gib es zu.
Das buids da ein,
das kann net sein.

Najo, vielleicht,
wann du es soagst.
Wer was es eh?

Rittergedicht I

Blau wia da Ritter war,
da ist ihm gewesen,
er hätte gesehen,
geistern im Turm
das längst verstorbene
Fräulein von
Pofesen.

I bin a Wohnhaus der Gemeinde Wien

I bin a Wohnhaus der Gemeinde Wien,
erbaut so 1960, wohnan nu heit
bei mir im Bauch die Mieter drin.
Da is da Navratataril, da Popopospisil,
de Halaubeck, da Schmidaleck,
da Kratochwil und a de Preusslein-Brunsn,
de oilte Funsn.
I bin a Wohnhaus der Gemeinde Wien,
von außn schau i zwida aus,
oba innen gibt's an Hof, ganz schen
voigramt mit Mistküweln,
obrochane Stiagnglanda,
hiniche Fliesn, an breckladn Putz,
a luckerigs voigschissns Doch.
I bin a Wohnhaus der Gemeinde Wien,
a Hausverwoitung gibt's fir mi,
an Birgamaster, dem i gher,
und a an Hausbesorger.
Und? Besorgt a mas?
Nawo! Nix! Nur de Partein.

Auf da Wiesn

Auf da Wiesn,
drunt beim Woid,
wo man zun Redn kimmt,
do is se glegn,
nix gsogt,
nur gwort.

De Sunn, scheints, hoat gehabert,
de Jaga ham gschissn,
gsagt ham de Kreissäg,
und Glocken ham glitten - sovül.
Pölz ham de Hund,
Heischreckn ham se begriast,
Muturradln ham Zuckerruam brummt,
ganz datruckert von Rährn,
war weißeckert ihr Mund.

Auf da Wiesn,
drunt beim Woid,
wo man zun Redn kimmt,
do is se glegn,
nix gsogt,
nur gwort

Er hat gmant, daß a kam,
woan a mecht, daß a kinnt.
Er hat gsogt, daß a kunnt,
woan a mecht, daß a mog,
sie auf ehm wort,

beim Woid in de Wiesn,
soi se se legn, wortn
auf ehm, hot a gmant, oba
kemma is a net.
Kemma san de Käfer,
Oamoasn zun dadrucka,
Schwammerlflucha,
Fensterwoilkn, Schnirlregn,
nur er woar net zun segn.

Auf da Wiesn,
drunt beim Woid,
wo man zun Redn kimmt,
do is se glegn,
nix gsogt,
nur gwort

Brunz dahoam

Brunz dahoam,
do is schen,
woast wias geht,
do is a woam.
Brunz dahoam,
kennst di aus,
fehlt da nix,
fühlst de zhaus.

Brunz dahoam,
net bei uns,
auf goar kann Foil,
mittn am Bodn.
Brunz dahoam,
feilt se nix,
und a woan,
is ma wurscht.

Der Zeit

Olles was wir ham is heit,
wos murgn kimmt, woas ma,
interessiert uns net.
Wos gestern woar, is a scho um,
schau net so bled.
S nutzt jo nix.
Olles was wir ham is heit.

In da Baurnastubn

In da Baurnastubn
Durt auf da Sof,
do liegts am Ruckn,
spreizt de Haxn
and de Händ,
ois wia wanns Flügeln warn,
weit auseinand,
de Augn aufgrissn sogn,
ois obs 10 000 warn:
Nimm mi, nimm mi glei,
wort net, nimm mi,
trog mi furt,
wo oanders hin,
wo olles schena is,
do gher i dir,
dir ganz allan,
nur dir.

I wort und zöger nu,
doan nimm is hoit,
in meine Händ,
und denk ma, schod,
daß a Fliagn nur is,
a dode nu dazua.

Oarschpartie

Woan i viri deng,
daß i zruckdenga miaßt amoi,
schau i heite mi scho um.
Wia soil de sei,
wia kunnt des gehen?
S Leben ohne mi?
Dös glaub i eich und ehna nie.

Hänga is bessa ois Renna.
S gibt a Goignsuppn, Arme-Sünder-
Wirschtl,
Köpfler-Kipferl, an Hinrichtungskaffee,
und de Menscha ham wos ztuan.
Von mir aus kepfts mi,
gebts ma Gift, brechts ma s Gnack,
legts mi auf d Schienen vur an Zug,
von mir aus betonierts mi ei,
und schmeißts mi in an See,
schiassts auf mi
ihr schoffts es ni,
weil i nämlich waß genau
ewech leb.

Woan i viri denk,
daß i zruckdenga mißt amoi,
schau i heite mi scho um und loch.
Wia soil de sei,
wia kunnt des gehen?
S Leben ohne mi?
Dös glaub i eich und ehna nie.

Schlafliad

Kindl tua betn,
da Voada und d Briada
san stehln und kemma net daher,
werns do darwuschen net sei.
Drum Kindl tua betn,
de Muata und Schwestern
de miassn se hergem und kumma net ham,
werdn do ogragelt net scho wo liegn.
Drum Kindl tua betn,
deine Onkeln und Tantn
verkaufn a Grasl und kemma net zhaus,
wernds do eingnaderat net worn sei.
Drum Kindl tua beten,
a da Opa und d Oma
ham was rüskiert,
werns do darwuschen net ham.
Drum Murdstrum von Kindl,
tua betn was kannst,
tua betn, woas Zeig hoit.
Da Voada, de Briada,
de Muata und d Schwestern,
de Onkeln und Tantn,
da Opa de Oma,
de kemma net ham.

Gedicht im Wiener Dialekt

Heast?

Ergänzung: Hiazt is zspoat

Im Pummerlloch

Im Pummerlloch,
do wo de Schneider wohnan,
wo gschrian wird: Göd odo Bluat,
kana riat se, sonst gibs an Skandäul.
Im Pummerlloch,
wo noch dem Busserln speibt se,
Öferl wohnan, Rehrln, Zwergerl,
daß da Dokta frogt, wer Hümme
is da Voada? De Grofen von Güssing?
Freila, des büldst da ei.
Im Pummerlloch, Hockstock von Mensch,
Krawuzilackl, sitzt da Gurrugurru,
frisst an Kukurruz. Den Tortntauben
in Kas vom Bisquii.
Im Pummerlloch a woan da Dod kimmt,
d oide Grod, spüln Kineser und Japaner
Spompanadeln, angschmiart de Wadeln,
fiki faki simuliern.

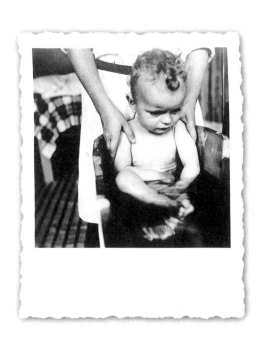

Kabinett

Wia dann mein Hanserl, mein Hanserl kriagt Zahnderl, wieder zun Schrein angfangen hot, bin i zun Hanserl seine kemmadn Zahnderl zurück in Kaninett, ehm zun Sogn, brauchst do mein Hanserl net schreien, es san jo de Zahnderl, de weh tuan mein Hanserl, es bis jo net du. Nur weng de Zahnderl, mein Hanserl, muast a so schreien, oaba net wegn dir. Sonst wast du so stül, ohne Zahnderl, mein Hanserl, nix war zun hearn, und a ins Kabinett war i net zruck, wo i an Mundl durch d offene Tir, zruckgehn ins Zimma, woas peinlich mir woar, gsehgn hoab, weil er hoat jo nix oanghobt aussan Bütschama und Bluat in da Hoand, sein Hobel dazua, was i nia gsegn hätt, woan net mein Hanserl, mein Hanserl kriagt Zahnderl, wieder zun Schrein angfangen hät, weswegn i zun Hanserl seine kemmadn Zahnderl zurück in Kaninett ehm zun Sogn glaffn bin, brauchst do mein Hanserl net schreien, es san jo de Zahnderl, de weh tuan mein Hanserl, es bis jo net du. Es is net da Mundl, sei bluadiger Hobel in seine bluadign Händ. Nur weng de Zahnderl, mein Hanserl, muast a so schreien, oaba sunst wegn nix. Nu daweil.

Da Heli

Lammfromm hat a ghassn,
woar a Mörder trotzdem,
an Dippl am Schädl,
Reindl statt Augn
an Roabn von Muater,
so is a geburn.
Hascherl, Patscherl,
Latsch, du Lulu.
A austroagns Hemad,
im Kopf an Spinat,
oalles in oallem,
a depperte Gschicht,
nur net fiars Madl
mit da Haut von an Griaskoch,
des auf da Kellerstiagn
ausm Lebn gstessn wordn is,
von an, wia es haßt,
Heli Lammfromm.

Saufn

A Wein und a Wein und a Wein und a Wein und a Wein
und a Bier und an Schops und a Wein und a Wein und a
Wein und a Bier und an Schnops und a Wein und a Wein
und a Bier und an Schnops und a Wein und a Wein und a
Bier und an Schnops und a Wein und a Bier und an
Schnops und a Wein und a Bier und an Schnops und a
Wein und a Bier und an Schnops und a Bier und an
Schnops und a Bier und an Schnops und a Bier und an
Schnops und a Bier und an Schnops und a Bier und an
Schnops und an Schnops und an Schnops und an Schnops
und an Schnops und an Schnops und an Schnops und an
Schnops und an Schnops und an Schnops und a Rausch is
beinand.

Luxus

A Gratiszeidung am Sunndoch,
dem österreichischen Runkrunk nix zoiln,
Schwoazzfoahn mit da Oarsch-Bahn,
gsund in Kroanastoand geh,
amoil im Joahr d Sicherung betriagn,
ka Steirer-Steier net zoiln,
is des Zumindeste, wos i ma leist.

Oba

Mit 10 hot a no nix gwußt, oba
mit 20 hot a sies scho denkt, oba
mit 30 woar a se nu net sicher, oba
mit 40 hot a glaubt, daß a olles scho kennt, oba
mit 50 hot a sie nimmer dreiredn lossn, oba
mit 60 woars ehm fost scho wieda wurscht, oba
mit 70, mit 70 oba, do woit as goar nu amoi wissen,
der oide Depp.

Da Eibrechakenig

Vabei is vabei,
wos wüllst a moacha?
Hoan jo sunst nix glernt.
A Tir aus ana depressiven Stimmung,
eidruckt, und i was net warum,
mitgeh lossn, weis mi, duttedulli,
des kaunst laut sogn,
oaglacht hot wia a Vanüllekipferl,
s Spoarbuach und es sübere Besteck.
Daun nu, was i warum, in Tresor
aufbrocha, weil a böllt hat,
zwa murdstrum Zähnt im Mäul,
in Hund daschlong, de Oide,
bevurs gschrian hoat,
Servas Mond und Hollarester,
glei dawiagt. Jetzt sog,
wos konn jetzt i dafir,
daß ehm vor lauter Aufregung
es Herz glei stehnbliebn is?

Spectrum

Weiß de Dokta, Vakeifer, Badewaschln,
schwarz de Kinstler, Pfarrer, Rauchfangkehrer,
rot de Hurn und Weihnochtsmoaner,
oroansch d Mistkübellahrer,
blau d Schaffner, Scheißhausputzer,
d Postler gelb,
violett d Bischöf, Kindagoartnkinda,
grean da Heinrich,
braun hechstns de Sandler.

Golden Goal und Sudden Death

Bei ehm statistisch gsehgn mit 76,
bei ihr um zwa Joar später,
hofft ma auf an Lucky Punch,
wans sei muaß a a Wiederholungsspül.

Wos im Reisfleisch olles drin is

A Holliwudschaukel, auf der da Bruno gsessn is,
a Herzkasperl mitsamt n Pezi,
da Dings, der wos gsturbn is,
kastanienbraune Goisererschuah,
de Würbesäuln von da Biene Maya,
a aufglegte Watschn, in Oskar Werner sei Bua,
a Kölch mitn Bernhard,
s goanze Malea, d Sölken von da Walli,
aufglegte Tanz, a ausdünster Rausch,
woas Rindigs, woas Randigs, ganz vül Pahöll,
zwa Finger vom Zilk, a ausgschneiztes Liacht,
a Packl Mannerschnittn
und in Steffl dazu.

Liad

Wenn de Musi si verkült,
s Weanaherz, wenns sumpert und si ploagt,
wann oalle lustig san, gehts her,
gibt's an Wein glei zum speim,
hantig wia a Radireim.
Und a oids Brot glei dazu,
Soits und Zwüfe drauf, is aus,
hoidns d Weana nimma aus,
miassns schwanzeln, resch wias san,
oaba des tuans net loang
ohne grauslich weanarischen Gsang:

Was haßt do Emotion,
mi zreißts, i erleb a innerliche Expolsion.
I schoam mi bis in Oarsch hinein,
schoam mi, daß i a Weana bin,
andrerseits kunnts schlimmer sein,
is ans mir jo nu bliebn, i sing:

Wenn de Musi si verkült,
s Weanaherz, wenns sumpert und si ploagt,
wann oalle lustig san, gehts her,
gibt's an Wein glei zum speim,
hantig wia a Radireim.
Und a oids Brot glei dazu,
Soits und Zwüfe drauf, is aus,
hoidns d Weana nimma aus,
miassns schwanzeln, resch wias san,
oaba des tuans net loang
ohne grauslich weanarischen Gsang.

Leilei

Aus Haungkaung is,
der Duttlfleck
und Schnopsn tuats,
na servas Gschäft,
a wia a Wülde,
weils jo a aus Haungkaung is,
soagt 20er, 40er oan,
draht zua und gwinngt.

Do hob is gfroagt,
obs a Buddhistin is,
wars grantich glei,
und gschaut hoats,
frage nicht,
schlitzeigats Gfrast,
weils verstandn hot,
obs leicht zun Budan ist.

I sauf jo net

I sauf jo net,
weils ma wer steckt,
alane wengan Wurm,
der unt in meina Leba,
vegetiert,
weil den ois andere,
wia Wein und Bier daschreckt.
A Cola? Na, um Gottes Wüllen,
doa hoatsn greckt, mein Wurm.
Woas sull i tuan? Sauf i hoit.
A Keli, goar an Oalmdudler?
Vielleicht an Tee, a Woasser?
Mei Wurm vertroagt des net,
nur Alkohoil. Dann Prost.

De Leit

De Leit schaun aus, mein Gott mir graust,
Hornstengln wochsn ehna aus n Kopf,
a toalgigs Groas bliaht in na Haut,
s hoam Händt, hoam Fiaß wia Boachbettstana,
Uhrwaschln ois a eindruckts Wurschtsemmelpapier,
dafäulte Zähnt und foische Duttln,
goanz egal ob Mandl, Weubel.

De Leit schaun aus, mein Gott mir graust,
un kemman se nu woas Gott vir.

Monarchien

Da Kenich von Sudan hot nix zun Redn.
Dem Kenich von Brasü is da Karnewal zuvü.
Da Kenich von Schwedn hot vül zum Bledln.
Da Kenich von Jemen, dem föhlt des Benehmen.
Da Kenich von Ungarn tuat joahrelang rumlungan.
In Kenich von Poiln, den soil da Teifel hoiln.
In Kenich von Ägipten braucht ma net vui bitten.
In Kenich von Jamaika is Rum liaba wia Eiter.
In Kenich von Alaska fölt a Stöckelpflasta.
Da Kenich von Luxemburg des is a rechter Demiurg.
Da Kenich von Vatikan schaut se jeds junge Madl an.
Da Kenich von Irak hat se ausdenkt an Schabernack.
Da Kenich von Mexiko ist ein kleiner Holodrio.
Da Kenich von Esterreich, der is ma gleich.

Weils olle Kenich sa, hoam se nix z mölden,
wären sie Prinzen, tat se no wos finden.

Pfalenzia, es pfeiche Pfunderteam
pfalernt es a

für Herrn Meixner, der in den Sitz und
Durststreik getreten ist

Da Pfogler und da Pfeffer,
de san an ollem pfuid,
da Pfettl und da Pföttel,
da Pferny und da Pferaf,
da Pfohlpfahrt hint im Pfäusl,
san um wos besser, nix.
Da Pfaas woar a dabei,
da Pfählich und da Pferzog,
sowieso da Pfeierpfinger.
Oalle schuid,
daß wir gegn de Lemonibroader
an Pamarantschnbam aufgstöllt
und
Pfeun pfu Pfull
Pferpflohren pfam.

Wien, Hernals 1999

Wo san denn de Greisla, de Koihlnhandler und
Pafimaristen?
De Gschirrtandler und Bäck? Wo san denn de Metzger?
De Eisentandler, Trafikanten? Sog wo sans hin?
De Weißworngschäfter und klanen Beisln?
Wos isn do los? De Papierwornhandler?
De Buachhandler, Tischler, Spengler?
Wo san dn olle hin? Wos haßt, do vire ums Eck?
Wos haßt oanfoch weg? Nimma do?

Titelsammlung

Du. Du kniawacher Bads, Küchnrotz, ausgschamter Bamstl, Biernigl, Bloch, schaust aus wia a Brimsnkas, longer Darm du, Dostl, zwanzg Joahr eingrobner Zwetschkenknedl, wendig wia a Dromedar, schod um d Luft, du Drutscherl, furtgstamperte Fut, Behmbracker du, Eipldauer, gagelbanernes Gstell, Grippenreiter, ogramte Hopfnstaudn, Möhlwurm du von am Nudldrucker, affektierter Glöcklpolster, krallawatscherter Rauhwaschl, okiefeltes Golatschengsicht, i huast af di, du Gagadu-Schicksl, Sprung-in-da-Schissl-Guru, Schurimuri-Schabracken, Trabant deiner selbst, du soagst nu amoi zu mir, du hoast mi net gern, und wuist de meinige net wern. Doan koannst woas darlebm. Du.

Altwien

Da Dolferl und de Dorl, d Fanni, d Fefi und da Ferdl, s Frickerl mitn Gangerl, d Gredl und de Gusti, de Hanni mitn Hansl, da Hardl, da Hiasl, da Jagl, s Julerl, de Karlin, de Klar, s Kristindl und d Leni, s Lenorl mitn Lenzl, d Lini mitn Lipperl, d Lisi wia d Lotti, da Loisl, d Lori mitn Mani, da Maxi, d Milli, s Muckerl, d Nani und da Nazl, s Nesterl und d Netti, da Pepi und d Ploni, d Poldi mitm Regerl, s Roserl und d Rosl, d Sali mitn Schani, da Schorsch mit da Stasi, s Thekerl und de Tini, d Vevi und d Viki, da Vinzi mit da Vroni, s Waberl, da Wastl, d Wettl, da Wickerl, d Wicki und s Zacherl de ham olle Unzucht triebn. Und wos ia aussakemma? Da Dolferl und de Dorl, d Fanni, d Fefi und da Ferdl, s Frickerl mitm Gangerl, d Gredl und de Gusti, de Hanni mitn Hansl, da Hardl, da Hiasl, da Jagl, s Julerl, de Karlin, de Klar, s Kristindl und d Leni, s Lenorl mitn Lenzl, d Lini mitn Lipperl, d Lisi wia d Lotti, da Loisl, d Lori mitn Mani, da Maxi, d Milli, s Muckerl, d Nani und da Nazl, s Nesterl und d Netti, da Pepi und d Ploni, d Poldi mitm Regerl, s Roserl und d Rosl, d Sali mitn Schani, da Schorsch mit da Stasi, s Thekerl und de Tini, d Vevi und d Viki, da Vinzi mit da Vroni, s Waberl, da Wastl, d Wettl, da Wickerl, d Wicki und s Zacherl.

Oanders

Oanders, oanders ois wia wir,
er is so oanders, so verschieden,
er is goar net so wia wir,
komplett oanders is er hoit,
er is verschieden, nämlich tot.

Und aus

S woar amoi a Woarenwölt.
S woar amoi a Spülzeiggölt.
S woar amoi a Kindagortnzeit.
S woar amoi a oarschloangweit.
S woar amoi a Hümmevoter.
S woar amoi a Dobbeliter.
S woar amoi a murdsdrum Koater.
S woar amoi a Bradlfettn.
S woar amoi a olles draht si.
S woar amoi a Noackerbazi.
S woar amoi a Speibdiaus.
S woar amoi a Broandweinhittn.
S woar amoi a d'Kibara kemman.
S woar amoi a jetzt haßts renna.
S woar amoi a D'Kibara kemman.
S woar amoi a Broandweinhittn.
S woar amoi a Speibdiaus.
S woar amoi a Noackerbazi.
S woar amoi a olles draht si.
S woar amoi a Bradlfettn.
S woar amoi a murdsdrum Koater.
S woar amoi a Dobbeliter.
S woar amoi a Hümmevoter.
S woar amoi a oarschloangweit.
S woar amoi a Kindagortnzeit.
S woar amoi a Spülzeiggölt.
S woar amoi a Woarenwölt.
Uns aus.

Du

Woas fir a Oarsch hot di entlossn,
aus woas fir an Gedärm bist du ausgrissn,
daß d a derart Hoilbverdauter bist.
Gschissener, wo kummst du her,
weil geboren bist du net worn.
Im Hintern bist du z Haus,
da Oarsch, das ist die Heimat dein.
Buhu.

I man

Um de Tschankis is ma eh net lad.
Wos gingadn mi de Oarschlecher mit de
rasierten Schädln oan?
Um de Sektnhawara is ma ah wurscht,
oba de hobn ja a Verwandte,
und des is scho a Waunsinn. Net.
I man, wia kumman de dazua?

Die Eh

Mir is eh scho olles eh,
weil mir eh scho olles eh ist,
eh kloar, ist mir eh.
Du a.

In engsten Umkreis nur

Den kenn i net.
I kenn nur in Friedl,
in engsten Umkreis,
80 Joahr,
den Hans und die Elfriede,
90 Joahr, vielleicht in Pepi nu,
oba den? Nia ghert.
Den ken i net.

Da Dod

Hin sein,
her sein.
Is wos gwesen?
Nix is gschegn.

Da Froanz

Des hed i ma nia denkt,
stöll dir vur,
da Froanz,
du waßt as eh.
Du kennstn jo.
Do net da Froanz? Unser Froanz?
Unser Froanz doch net. Der nia.
Doch der. Akrat.
Nia hätt i ma des denkt,
unser Froanz,
von dem am wenigsten,
grod der, da Froanz,
daß der si af amoi
umbenenna kennt.

Mein Ur-Wiener-Leben

Im Bauch da wars urleiwand, trotzdem wollt i urplötzlich raus, hab ich ur-angedaucht, bin durch den Urwand durch, und siehe da, ur-plötzlich war ich auf der Welt. Getauft ham sie mich Urdrizil, da hab ich urlaut gschrien, weil ich ma ui gedacht hab, ich hab ja murds einen Urhunger in mir drin. Ham sie mich angehängt an urgeile Geräter, ist ein urguter Saft ankommen, der machte mich gleich größer. Urschnell ist das geganken, denk ich mir nur noch heast. Auch mich, ich war ein Blitzgescheiter, steckt dann man in die Schule, damit urschnell was aus mir wird, nur war das irgendwie doch ein zu gesetztes Ziel, urviel hab ich nicht glernt. Hab lieber mit einer Lehr begonnen, Uhrmacher, das war ursuper, bis zum Meister hab ichs urschnell bracht. Außerdem lernt ich ein Mensch auch kennen, ui, die war urgeil. Ihr Name der war Ursel, geheiratet haben wir urschnell. Jetzt ham wir urviel Kinder, sind alle total lieb. Bin froh, daß ich ein Urtyp bin, ursuper, kolossal. Und sollt ich einmal sterben, wird sicher auch mein Tod urklass und urig mir geschehen. Urmen. Und Prost.

S Rollo

Servas Pfiati in Gulasch sei Kind,
d Frau tuats gern, und i tuas a gern,
s auffelossn, s oberolln gschwind,
oanziagn am Schnirl, Zuckerlpapirl,
d Frau tuats gern und i tuas a gern.
Servas Pfiati in Gulasch sei Kind.

Nimmd da neamand wos

Nimmd da neamand wos,
kaum draht ma in Oarsch weg,
geht d Mülli iba. Meiliaba.
Schlechta derfs hoit net wern.
Wer hätt se des denkt?
Oba eh hoilb so wüld,
schau da hoit zua.

Da Dulli-Dialekt

Obritscht haßt net goanz dicht,
net Vogerl obeschwoam,
so wia da Ammerling, de Schwoibn
in Stelzhoammer
zuwedraht glei an de Woand,
Apfalter ist da Opfelbam,
Auwetzer haßt da Seufzer,
weil heit ka Baurnfeichta is.
Bocksteßn mant a storkes Schluchzen,
Fotzbleamel a Fieberblosn, Gaglwerk unnützes Zeig,
s Gähnmäul is a Unterkiefer, Gfrött die Plog,
Gnackbam a Watschn, und wenns Kind schon s Gsicht
verziagt, nennt man das Krückerlbohren,
der weiche Dotter von einem hartgekochten Oa
ist der Lehmdudderling, Menschern ist Weibern
nochesteign,
nochitrogn ist wem wos übelnehma,
Oaterbotzen de Stachelbeer,
Surm a Dodl, Treanschn haßt der Mund,
Umurkn is a Gurkn, Wognschmierbleaml de Kamülln,
oba ana der so redt ist ka Umgang net. Net?'

Da Tod

Ziziben Moasen,
morgn wird zun Roasen,
s röckt mi jo schon,
d Rotzglockn leitn,
d Ruam singan Liada,
über d Schreamsn wirst du nu kemma
zuhi zui zuahi
zuwi zuawi zwi.
Mei Lebn saftlt aus,
im Gortn treibts es aussa,
Zwidawurzn nu und nu,
es ruckelt scho, es ruachelt,
betn tans wia d Wüldn,
firti, förti und baba,
durch und oan,
so bin i kemma,
Hollaresta, i dakum,
kum um, murgn is saweit,
scho geht ma d Roasn,
weil i einruckn muaß in Hümmel,
ausruckn aus mir meim Fümmel.
Ziziben Moasen,
murgen wirds zun Roasen.
Zuhi zui zuahi
zuwi zuawi zwi.

A Doda

A Doda kost 2 Schilling 10,
a Doda wohnt oiwei im Klor,
a Doda is oft unterm Spitz,
a Doda is monchmoil beim Oarsch,
A Doda,
a Doda hot oiwei a Schoin,
sunnst rinnat a aus,
batzwach wia a, won man net kocht,
von Haus aus hoit is.
A Doda.
A Doda kost 2 Schilling 10,
paßt gut zun Spinat,
loßt si sein Lebtog loang nimma aufstölln,
a Doda, wehrlos wia a is,
2 Schilling 10, loßt si,
wanns net sein muaß, nia net segn.
A Doda.
A Doda wohnt oiwei im Oar.

Zoo

A Fisch in an Woid wird net recht oid.
A Vogerl im Wossa hot nix zun locha.
A Nülpferd beim Billa habert se sche on.
A Muckn im Marmalad is jetzt endlich stad,
im Ketchup a Fliagn kunnt ma dawiagn,
im Soft vun am Schweinsbrodn kunnt mas daschschlogn.
Wos brauch i de Vicha, des gfickerte Zeig?
Wos schern mi de Offn, de Hudt und de Kotzn?
De Hamster von mir aus, de Meis und de Rotzn,
da Ohrnschliafa, Mottn, olles ausrottn.
Alles nur Vicha, wos gengan se mi on?
Nur de Micky Maus, in Goofy und in Doand Duck
loaß i ma eiredn. In Rest haun ma zruck.

Ohne Schmäh

Na des hot se auszoit,
a so oberantn wegn dir,
bist du gscheit, a so dakemma,
wegn so an Loamsiada wia dir,
daschlogn gheratst du,
oafoch net hoamkumma,
de gonze Nocht.
Bis um a Vier.
S nächste Moi,
wonst wida net kimmst,
bring i di um. Ohne Schmäh.
Weil nuamoi tua i ma des net oan.
Nur daß das waßt.

Feichtog

Goschad oder wos. Gor gar go. Geh?
Da Gitzi in da Harpfn. Wo?
Wo kemmad ma do hin?
A Höbamm hams aufgstöllt?
Wos sogst jetzt on? An 40er?
Oder an Dodn? Wos? Bist feig?
De Braut hams gstoin.
De Braut von wo? Vom Dirndlbam?
Gickeriki, de Gfudlade?
Und überhudlt a. Der Fliagnpracker?
Gor gar go. Geh? De Gfeiglade.
Und feicht wors a?
Jetzt kinnans schaun wos tuan.
Gschiaht ehna recht.

Moarschoft ho ha

An Moabam mittn im Moor
hams aufgstöllt mitn im Mai,
mit am oanbundnan Mohr obn droan,
der Moar ghoassn hot mit a, i.
Oangeblich oba haßts, daß a gor net
oanbunden wor, der Moar mit a, i
am Moabam im Moor, weils'n,
wias haßt, mitten im Mai
anfoch draufgsteckt hobn, den Mohr
im Moor afn Bam.
Oba do wa da Moabam dann
mitten im Moor durch dem Moar mit a, i
sein Oarsch mit o, a ganga
wia durch Mai mit a, i.
Dös glaub i net mit i, a.

Ösig Öbsn Österreich

Össe.
Öbsn öbs ös Söpp.
Öbsn zöhln öder Söckeln?
Sölba Söpp, sölba Söckel.
Öbbas Öhrwaschl öf da Öfnbänk
oisig Össig Öschpnhölzer,
Ömlettn, Österflöck und Löppizöhner,
oisig Söpp önd Söckeln
öb da Öhns. Össe. Össig.

Last Generation Karli

Da Kritzinger Karli,
fünf Joar ölda nur wia i,
oder da Kendlbocher,
da Liab wegn vergast,
da Leitgeb an Aids,
da Höpfinger Karli am Krebs,
da Bronntmoar hot si darennt,
wia da Hinterberger Karli a,
da Höglinga, da Saminga a.
Wer heit nu Karli haßt,
der is scho gsturbn.
So guat ois wia.

Sakra am Oarsch

A bissl Schädlweh, Zähntweh,
do a Ziagn, a Reißn durt
build i ma ei
jetzt stirb i boid, weil i
a orges Hypo hob,
Sakrakatusch, Sakrakakatausch,
weil i a murdstrum Hypochonda bin.

Amoi zwickts mi do,
des muaß a Tumor sein,
fühl i mi schlecht,
dann hob i Aids
oder an Mognkrebs,
bin i nur miad,
is Hepatitis C,
a Leukämie, Malaria,
de Gölbsucht oder,
weil i mi gschnidn hob,
a Bluadvergiftung,
olles scho ghobt,
olles scho dogwesn.

A bissl Schädlweh, Zähntweh,
do a Ziagn, a Reißn durt
build i ma ei
jetzt stirb i boid, weil i
a orges Hypo hob,
Sakrakatusch, Sakrakakatausch,
weil i a murdstrum Hypochonda bin.

Du schau

Mei Heisl brennt,
dazua de Ochsn, Kia,
de Schweindln, Hehna a,
da Lampestoil,
de Hittn, wo da Traktor steht,
de Mahmaschin.
Du schau, mei Heisl brennt,
de Dirndln, Buam, wias rennan,
weils glei in Öltank zreißt,
wias Bauer schrein und Bäuerin,
wo bleibts, wo seids,
du schau, wias brennt,
mei Heisl woars,
vom Voter gerbt, vom Großvoter,
von 1000 Joahr.
Jetzt brennts.
Hätt se se a nia denkt,
daß da Bauer selbst amoi
es anzindn kennt,
nochdem a d Bäurin daschossn hot,
s Kindl in da Krippn,
und se sölbst.
Jetzt schau, wias brennt.
Wieso? Woas ma net.
Schau zua, wias brennt.

Wia Gradn ausm Schief

Bist verzogn? Sogst net vui.
Ois bei da Nosn ausaziagn.
Wer was, wos du dir denkst,
an Kruschpel im Hois?
An Gugaruz zum Gam?
Jetzt hots da d Red verschlogn.
Du, desd mei Augnfuada bist,
mei Durschtvoge zum in da Liab dasaufn,
in Teife sei Zwüfe, Antüfe,
a Rassen Kas, mei Feignbam.
Bist verzogn? Sogst net vui.
Ois bei da Nosn ausaziagn.
Wuist de nia mit mia daborma,
muaß i erst Boana werdn, koana,
bevurst ma sogst, daß du mi mogst,
bevurst ma schnopst, daß du mi Most.
Weil dann spült d Musi Affn,
eine in Schimpansn, Sünd voil Knien.
Orangutang Oranschadn, raffn,
nix passiert Gorilla und koa Ton,
sogst net vui,
ois bei da Nosn ausaziagn,
wia d Gradn ausm Schief
verzogn.

Mia san mia

Weanabazi sog net Orschtiroler
oder Karntnerplampel zu am
Mostschädl wia mir, sog net Uhudler,
Nordsüdostweststeirer zu am
Gsiberger wia mir.
Und wannst mi Nockerlburger,
12Viertler, Burgenradler schimpfst,
beiß i da in Schädl o.
Obwoi ma olles des nu liaba is,
bevurst mi Piefke nennst,
Katzlmocher, Tschusch.
Wei wannst ma Behm,
Krawod, gor Schweizer sogst,
bring i de um.
Obwoi ma olles des nu liaba is
wia Ami, Ruß, Chineser.
Wei wann du Inder, Neger
zu mir sogst, dann kummst du dran.
Obwoi ma olles des nu liaba is,
bevurst mi Schwein schimpfst,
Aff und Hund. Wei wennst mi
Rindviech, Esl nennst,
beiß i di zruck. Obwoi ma olles des
nu liaba is, bevurst Amöberl
zu mir sogst, Bazillus, Virus,
wei dann steck i di on.
Wos oiwei mir nu liaba is,
bevurst mi Mauer, Tisch und
Kostn nennst, donn foll
i da aufe, bist du tot.

An der schönen greenen blauen Donau
Lied

Mei Liab war a Kassiererin,
bevurs beim Preis ziagn bled wor is.
Wor i a Zeitl mit aner Politesse zsam,
de hot se selbst verhaft,
lerne ich kennen eine Fleischerin,
de hot sich aus Versehen selbst faschiert.

Ja an der schönen greenen blauen Donau
sind die Maderln olle resch und frisch,
a paar sind aufgetaut, a paar sind früh versaut,
a paar sind verbaut, die meisten gut gelaunt.
Ja an der schönen greenen blauen Donau
gibt es Maderln schüberlweis, zu jedem Preis,
jeder Kategorie.

Ich verliebte mich in eine Verkäuferin,
die hat sich selbst verkauft,
wars als nächste eine Taxlerin,
ist gegen einen Baum gerast,
denke ich, jetzt reichts, es muß was Festes sein,
gerate an eine Krankenschwester,
hat man sie eingesperrt, weil sie angeblich
beim Sterben nachgeholfen hat.

Ja an der schönen greenen blauen Donau
sind die Maderln olle resch und frisch,
a paar sind aufgetaut, a paar sind früh versaut,
a paar sind verbaut, die meisten gut gelaunt.

Ja an der schönen greenen blauen Donau
gibt es Maderln schüberlweis, zu jedem Preis,
jeder Kategorie.

Bei mir war eine Linzerin,
die sagt, ich bin nicht dicht, ich spinn,
das war auch die Gelegenheit,
verliebt ich mich in eine Psychiaterin,
die hat mich dann monatelang analysiert,
geheiratet aber hab ich eine Sängerin,
die singt mir wenigstens mein Lied:

Ja an der schönen greenen blauen Donau
sind die Maderln olle resch und frisch,
a paar sind aufgetaut, a paar sind früh versaut,
a paar sind verbaut, die meisten gut gelaunt.
Ja an der schönen greenen blauen Donau
gibt es Maderln schüberlweis, zu jedem Preis,
jeder Kategorie.

Sie

Alle kennan sie, bleibn aus Repekt
glei stehn vor ihr,
schauns lange an.
Da schaumt sa se, wird rot,
bei sovü Leit. Oba
de meiste Zeit sogts net vü,
steht immer nur und wort,
und wort und steht und hofft,
daß ana kimmt
und auf ihr Knepferl druckt,
a wonns nix nutzt,
hechstens beruhigt,
de meistn oba schimpfn nur:
40 Millionen Joahr menschlicher
Entwicklungsgschicht
und a Ampel sogt uns,
wonn wir gehn, steh bleibn miassn, eine Schand!
Da wird ihr schlecht,
das ist gemein, sie übergibt se,
green lafts an,
und ole gehn.
Bis zun nächstn Moi.

Oberkoflerin

10 Sömmeln und an Liter Mülch,
s Schuifernsehen am Vormittog,
schaun ma hoit, wias Wetter wird,
de Kinder a scho ausm Haus,
um zwöfe Essensservice, grantig heit.
10 Sömmeln und an Liter Mülch.
Nur net ins Heim, nur nu net furt,
liaba an Nochmittog beim Dokta sitzn,
Puiferln schluckn, recht vui betn,
a weng ratschn, Zeitung lesn hoit.
10 Sömmeln und an Liter Mülch,
Vögeln fuadern und am Friedhof foahrn.
Nur nu net furt, nur nu net furt.
Net sterbn.

Kematen

Kunntn druntn Kunten Tunten-Kundn kenna?
Unten kunnten Kunten Tunten-Kundn kenna!
Kuntn kimmt von kimmst,
und kunnten kam von Kunst,
won untn von obn kemmat,
China von kemma,
Spinat vom Renna,
Schädl vom Kampe,
Kinstler vom Kusch.

In de Kematn, kinnatn wons kennatn, es kammatn
olle,
olle kammatn, wons kennatn ind Kematn von der
brennaten
Renaten aus Kematen.
Kuntn kimmt von kimmst,
und kunnten kam von Kunst,
won untn von obn kemmat,
China von kemma,
Spinat vom Renna,
Schädl vom Kampe,
Kinstler vom Kusch.

Urugay

Warum denn net noch Uruguay,
do san de Fraun net aso,
aso wäh wia du, so Fleischkolosse,
menschgewordne Kälbermasse,
sogt zur Muada glott ihr Bua.

Oda Brasü, warum denn net Brasü,
do gibts longhaxade Schokoduttln,
schworze Weibawunda, unwahschscheinlich vül,
hazt a glei se ane on,
schaut d Muada so von obn on, verächtlich,
indirekt. Mit seine 14 Joahr.

Und a in Tschile, sogt a, Mosambick
gibts Weiba, richtige Hoasn,
kane Schlochtschiffa wia du, unförmig, dick,
so Muturn hoit, de se des oahearn kinnan,
ohne Mitleid. I bin sicha, olles tatn de,
olles fir an Buam wia mi,
und won se se vakafn miassatn,
Hauptsoch Urugway oda Brasü.

Friha

Friha woar olles, sogoar de Scheen woarn friha schirch.
Friha woar am Sendeschluß a Nationalhimne,
und gsunga hobn de Leit.
Heite is a Börsnindex und ma hebt se auf.
Friha, friha woarn a Schnitzln, wia Klodeckln so groß,
Wirschtl, gsodene, und föhnempfindliche Leit.

Friha woar oiwei Frühjoar, togein, togaus.
Friha woar olles schena, bessa und Scherm auf.
Friha woars hoit friha.
Friha, heite is es damit aus.

Friha woar olles, sogar de Oarmen woarn friha reich.
Friha hot ma kan Politika beim Redn zuaschaun braucht.
Friha hot ma net an seine Handbewegungen scho gsegn,
wia a wixt.
Friha hots gebn an Fira, Zuaständ wia in Rußland.
Fir jedn Trottl an Senf. A Gfrirfoch oba net.

Friha woar oiwei Frühjoar, togein, togaus.
Friha woar olles schena, bessa und Scherm auf.
Friha woars hoit friha.
Friha, und heite is es damit aus.

Loand schafft Seiten

Wiesn hängan üba Wiesn,
Heisa stengan in da Luft,
de Berg, da Woid, de Stadeln,
und riacha tuats noch Sunn,
und net noch heiserm Grogodü
und greanem Schnupfengfüh.
Nur Lanschoft übaroi.
Land schofft mia nix on.
Net de Käfa, net de Bleameln,
net de Seen und net de Bacheln.
Hot mir olles nix zum Sogn.

Hümmel hängan üba Hümmel,
Hummeln quirrln durch de Luft,
da Berg, da Woid, de Stadlen,
und übaroi kräuln Pfuscha umadum,
überoi homs wos zum Klopfen,
Umgrobn, Sageln, Bohren.
Gsölln san des. Mei liaba.
Passn gut ins Scheine-Loand.
Ehna hots a wos zum Zoiln.

Rittergedicht II

Hiasl hoho, des hot a jetzt davoan,
is nix wert, oba legt es oan,
und schwingt se auf, Spanische Wind,
tritt aufs Gas zum Hümme fuadan,
brescht wia Ochs und Schweinshaxn,
weil Samstog is, Fensterstock,
Bacardicola, Disco, Griasde,
durchs schenste Ortsbüld weit und breit,
Bam oda Alfa und wons is,
vertschüsst a se, bis daß n aussaschneidn.

Sage

I sog dir ans,
du host mir nix zum Sogn,
geh hoit de Goschn,
red net so gschert daher.
Und du sei goanz stad. Gusch.
Verzöhl ma nix.
Wia konnst du so woas sogn.
Dir her i goar net zua.
Sog wost wüllst.
Geh na, red du.

So is es net

Moralisch gsehgn,
wos i ihr oantoan hob,
i bin sehr gsund,
missat i krümma mi,
wei i bereus jo a,
so wia i schuild bin,
sexhungrig und
100 pro, eh gonz klor,
wia a Gamülln im Tee,
hob i se brockt,
ka Wunda, daß jetzt ausschaut,
ois ob sas jedn Moment
glei aus da Schwerkroft duscht.
Vawoschne Augn und aufgschwemmt
is se. Von de Puiverl.
Noa am Tod.
Oba ans sog i da a,
deppert brauchts net wern.
So net.

Franzobel

gezeugt in Vorarlberg, geboren am 1. März 1967 in
Vöcklabruck, Oberösterreich, aufgewachsen in Pichlwang, ein
Franzobelscher Phantasieort, um 1986 nach zu gehen.
Spätestens seit dem Bachmann-Preis 1995 als Wahl-Kärntner
eingemeindet. Mitglied im Grazer Forum Stadtpark, in der
Grazer Autorenversammlung und in der Künstlervereinigung
Maerz. Franzobel ist Schriftsteller und Schloßbesitzer im
Burgenland. Lieblingsspeise: Tiroler Knödel, Salzburger
Nockerl, Niederösterreichischer Veltliner. Landesweit sind und
waren zahlreiche seiner Theaterstücke zu sehen.

Jüngste Bücher:

Böselkraut und Ferdinand, Zsolnay 1998.

Der Trottelkongreß, Ritter 1998.

Phettberg. Eine Hermes Tragödie, Selene 1999.